TACTIQUE ÉLECTORALE

A L'USAGE

DE L'OPPOSITION.

AVIS.

Les libraires et particuliers qui auraient l'intention de vendre ou distribuer cette brochure dans les départemens qui renouvellent leur députation, sont prévenus que le libraire Brissot-Thivars est autorisé à céder chaque cent exemplaires au prix de 65 fr.

NOTA. On est prié d'affranchir les demandes.

TACTIQUE ÉLECTORALE

A L'USAGE

DE L'OPPOSITION,

Où sont indiqués et développés tous les moyens légaux de diriger et concentrer les forces de l'Opposition, dans les Colléges électoraux, et de faire triompher son candidat.

DEUXIÈME ÉDITION.

PARIS,

BRISSOT-THIVARS, LIBRAIRE,

RUE CHABANNAIS, N° 2.

1822.

DE L'IMPRIMERIE DE CONSTANT-CHANTPIE.

Rue Saint-Anne, N° 20.

TACTIQUE ÉLECTORALE

A L'USAGE

DE L'OPPOSITION.

CHAPITRE PREMIER.

Plan et but.

La France possédait naguère une loi d'élection juste, claire, simple, vraie, celle du 5 février 1817. Cette loi, il est permis de le dire, avait jeté de profondes racines dans l'opinion d'une partie considérable de la nation : de tous les points, elle appelait à la représentation populaire les hommes forts de l'assentiment public et de la complicité des intérêts communs. Cette loi promettait de devenir le pivot autour duquel allaient se fonder successivement les institutions d'une nation libre et morale. Des combinaisons politiques à jamais déplorables, sont parvenues, non sans peine, à nous ravir cette loi. La France, en la perdant, poussa dés cris de douleur qui ont ébranlé l'Europe entière. Un autre mode d'élection, moins simple, moins juste, moins en harmonie avec l'égalité politique, ce principe dominant de notre civilisation moderne, nous est imposé par le concours des trois pouvoirs. Fléchissons le genou devant les organes sacrés des lois, alors même qu'ils ont pu s'égarer. Pénétrés de la pensée que les instrumens légaux sont les meilleurs et les plus sûrs pour parvenir à la conquête d'un ordre de choses raisonnable et juste, persuadons-nous que, même avec la loi actuelle des élections, toute vicieuse ou imparfaite qu'elle soit, il n'est pas impossible d'obtenir une expression exacte et franche du vœu et de l'intérêt public.

Pour cela, il ne faut pas perdre de vue que l'acte le plus important comme le plus décisif du gouvernement représentatif, c'est l'élection du député. Chaque citoyen doit attendre avec impatience le moment d'y participer, se préserver de toute négligence dans l'exercice de son droit électoral, et enfin, au jour marqué, écrire son vote avec discernement et avec liberté. La négligence, les fausses craintes, les intérêts mal entendus, contribuent pour beaucoup à l'altération des résultats naturels des élections. Les ministères qui devraient attendre ces résultats en silence, et sans autre inquiétude que d'en protéger la liberté, se donnent chaque année beaucoup de peine pour les modifier selon leurs combinaisons. De mauvaises habitudes adoptées sous les deux despotismes successifs, produits par l'anarchie ou par la compression, ne favorisent que trop leurs efforts. Il est du devoir de tous les citoyens éclairés, d'éclairer à leur tour leurs concitoyens sur les limites et sur l'exercice du plus important de leurs droits ; il est de l'intérêt de chacun, quel que soit son parti ou son opinion, de connaître les moyens que la loi a laissés dans nos mains, pour défendre sans péril nos intérêts légitimes. Ces moyens n'ont rien d'offensif ; ce sont des boucliers, ou, si l'on veut, des places de refuge. Le parti dominant doit les respecter, dans son intérêt bien entendu ; car enfin, les vicissitudes humaines, si nombreuses et si peu prévoyables, peuvent à chaque instant le jeter dans l'Opposition, et il serait imprudent à lui de s'ôter d'avance les moyens d'y subsister. Ne confondons jamais l'Opposition avec l'hostilité ; et s'il nous plaît, s'il convient à notre tactique de soulever cette accusation contre nos adversaires, songeons qu'aux termes de la loi fondamentale, de cette loi que nous avons tous acceptée, l'engagement est pris de supporter sans violence, même l'hostilité, si elle sait avoir l'habileté ou la prudence de ne point violer la loi.

Je veux donc retracer à l'usage de l'Opposition tous les moyens que la loi lui a laissés pour tendre au pouvoir, et le conquérir si c'est son droit. Tout ce que la loi n'a pas interdit, elle l'a permis ; ceci est reconnu par tous. Certes, la loi impériale, on n'en disconvient pas, s'est montrée suffisamment jalouse pour le pouvoir et ombrageuse contre la liberté ; c'est pourtant sous elle que je veux me courber, puisqu'elle régit encore le pays. J'ai vu, depuis la loi du 29 juin, faire les

élections par l'Opposition, dans un département où tout,
hors le vœu public, semblait militer contre elle. J'ai
observé comment l'affaire a réussi; j'en ai déduit des
règles générales que je vais exposer. Quelques-unes pa-
raîtront minutieuses; aucune cependant n'est à dédai-
gner; ceux qui ont bien étudié le caractère de l'homme
en général, et en particulier les mœurs et le degré d'instruction de notre nation, en seront facilement convain-
cus. C'est aujourd'hui la veille des élections; puissent
mes conseils être de quelque profit!

CHAPITRE II.

—

Nécessité de se réunir et de s'entendre
quelque temps avant l'Election.

Je voulais intituler ce chapitre : *Du Comité d'Elec-*
tion. Ce titre exact et concis aurait alarmé quelques
personnes ; je l'évite donc ; mais, je l'avoue, si j'es-
quive le mot, il m'est impossible d'éluder la chose.
Au contraire, je m'empresse de le proclamer : se réunir
et s'entendre, c'est la première condition du succès de
l'élection ; hors de là, elle est abandonnée au hasard ou
à l'influence du pouvoir. Ce n'est pourtant ni le hasard
ni même le pouvoir qui doivent être représentés dans
la chambre élective ; c'est l'un ou l'autre des partis qui
se divisent l'opinion du pays. C'est donc à eux qu'il
appartient de se mêler de l'élection et de faire effort
pour l'obtenir. Je connais notre code pénal, et je n'ai
garde d'en conseiller l'infraction ; ne vous réunissez pas
au nombre de 21, puisque l'art. 291 l'interdit ; mais
réunissez-vous au nombre de 20, puisque l'art. 291 ne
le défend pas. Dans cette limite, toute conversation,
réunion, correspondance ayant les élections pour objet,
est parfaitement licite. Il est loisible à tous de s'en
occuper et de faire des démarches en conséquence ; et
il ne faut point s'en cacher comme on le ferait d'une

chose illégale ; car c'est au contraire l'exercice d'un droit sacré, que l'autorité publique doit protéger, bien loin qu'il lui soit permis de l'entraver.

A la tribune et dans les journaux, l'on a fait beaucoup de fracas des comités-directeurs ; l'Opposition s'en est défendue comme d'un crime ; elle a eu tort. Ils n'existaient pas, dira-t-on. Je le pense ; mais il eût été désirable qu'ils existassent, et l'opinion de leur existence, si elle eût été accréditée, aurait suffi pour provoquer leur réunion. Dans cette circonstance, l'Opposition s'est montrée gauche et embarrassée ; même elle n'a pas eu l'air sincère, en se défendant de l'emploi d'un moyen puissant, que la loi ne lui interdit pas. En Angleterre, aux États-Unis, dans tous les pays où il y a élection libre, les comités d'élection se forment tout naturellement et publiquement (1). Élire en effet, ce n'est pas jeter au hasard une foule de noms dans l'urne au scrutin ; c'est se rapprocher, c'est s'entendre entre gens de même opinion, c'est se dire : voilà ce que nous pensons, ce que nous voulons, ce qu'il nous

______

(1) En Angleterre chaque parti forme un comité d'élection, qui s'installe dans un lieu public, ordinairement une Taverne ou Café, y arbore un drapeau aux couleurs de son candidat, et envoie des détachemens parcourir la ville, qui marchent enseigne déployée, recrutant des électeurs sur leur passage. Nous ne parlons pas des discours sur la place publique, des combats de pugilistes et des orgies populaires dont nous ne saurions conseiller l'importation.

faut, et voici l'homme qui pense et qui veut comme nous. Élire, c'est former, d'après les vœux divers et les circonstances diverses, une liste de candidats; c'est la discuter, l'épurer, la réduire; c'est recommander son candidat à ses cliens, à ses amis, à ses journaux, à son public; c'est intriguer, c'est cabaler, c'est employer tous les moyens raisonnables, justes, légaux, pour porter au conseil national celui qui, selon nous, doit le mieux représenter et nos opinions et nos intérêts; il faut se résoudre à tout cela, si l'on veut qu'il y ait élection; sinon, non.

Et remarquez qu'il serait absurde de vouloir laisser faire et laisser aller. Le moindre inconvénient de cette méthode serait d'abandonner l'élection au hasard; cela revient à voter sans discussion; du reste, il est bien certain que tout le monde ne laissera pas faire et ne laissera pas aller. Si l'Opposition n'a pas de comité directeur, elle peut tenir pour assuré que le parti du pouvoir a le sien; c'est le gouvernement; dans chaque département, c'est l'administration locale. Puisqu'en convoquant les électeurs, on les appelle à lutter, il serait inconséquent, il serait déloyal d'interdire l'égalité des armes. Le ministère désigne ses candidats par les présidences; il prodigue pour eux les circulaires, les menaces, les promesses; il tourmente les maires et les percepteurs; il met en mouvement les préfets, les sous-préfets, les gendarmes, les estaffettes, les télégraphes. Certes, il doit bien être permis à l'Opposition de combattre tout cela par un peu de zèle et de concert. Enfin, le parti du côté droit, possesseur des salons dans la plupart des départemens, y trouve des occasions naturelles et faciles de réunion ; le parti du côté gauche, composé en majeure partie des hommes de l'agriculture, de l'industrie, des affaires, de l'étude, doit suppléer à ce désavantage de position par des réunions temporaires et spéciales.

Bien des gens vont penser d'abord, que si les réunions que je conseille peuvent être d'une grande utilité pour l'Opposition, il n'est pas facile partout de parvenir à les former. Cette opinion n'est point exacte. Mais, dira-t-on, qui voudra prendre sur soi de se démontrer le premier ? qui voudra se mettre en avant ? On trouve beaucoup de gens qui sont libéraux dans leurs discours ; mais, parmi les hommes importans, on craint, en faisant la moindre démarche, de passer pour intrigant, cerveau brûlé, factieux. Je sais que nos mœurs publiques sont encore pusillanimes ; il n'appartient qu'au temps de les fortifier. Cependant, à la veille des élections, même dans les pays les plus tièdes, un peu d'agitation s'empare des esprits ; il semble qu'il doit être possible alors de trouver partout un homme un peu considérable, qui se laisse porter pour chef ostensible de l'Opposition. Si cependant ce Codrus de bonne maison venait à manquer dans quelque département, il ne faudrait pas pour cela abandonner la partie. Dans l'Opposition chacun reçoit sa mission de son zèle et de son patriotisme. Une petite réunion de jeunes gens, de ceux-là surtout qui, nourris de bonne heure dans l'étude des lois, savent mieux que d'autres les respecter, a suffi dans quelques départemens pour diriger l'Opposition et la conduire aux plus heureux résultats. On doit s'attendre les premiers jours à quelques paroles de dédain, il n'en faut point tenir compte; à des insinuations menaçantes, il faut y répondre par une stricte observance des lois; peu à peu la curiosité, l'intérêt public, le besoin d'une direction donneront de la consistance à ce faible germe. Il est juste d'admettre à la participation de ces conseils quiconque y apporte des intentions franches, car c'est ici l'affaire de tous, même de ceux qui ne votent pas, puisqu'ils sont représentés par les électeurs. Ici il n'y a point de secret; puisqu'au contraire, à mesure qu'on obtient de nouvelles accessions, on popularise le zèle de l'élection, première condition de son bon succès.

CHAPITRE III.

Inscriptions d'électeurs. — Souscription.

Voilà donc un certain nombre de citoyens convenus de se réunir quelquefois, et même souvent, pour conférer ensemble des moyens de faire triompher dans leur département l'opinion politique qu'ils professent, parce qu'ils la croient la plus conforme à la justice et à l'ordre social. Que feront-ils pour cela? D'abord, je le répète encore une fois, ils s'interdiront scrupuleusement de rien faire en violation des lois du pays. Violer la loi, ce n'est pas courage, c'est témérité, c'est maladresse; c'est attirer sur un point isolé la compression compacte de l'autorité publique; c'est servir efficacement le pouvoir au moment des élections, car, en l'autorisant par une violation quelconque à sévir légalement, vous aidez à jeter dans les esprits faibles des inquiétudes sur la liberté des élections.

On doit donc s'occuper d'abord d'acquérir une notion exacte et familière des lois qui régissent la matière des élections. Pour cela, il faut se procurer les livres, traités, bulletins, ordonnances, circulaires ministérielles, arrêtés administratifs, relatifs au sujet.

La première chose qu'il faut activer long-temps avant les élections, c'est l'inscription des électeurs sur les lis-

tes officielles. Nous croyons fermement que notre opinion est l'opinion publique, l'opinion nationale; donc
plus on appellera de votans, plus nous devons penser
que notre opinion aura de chances de succès. Mais il y
a partout des hommes nonchalans, des hommes que les
plus simples formalités dégoûtent, et qui ne songeront
à faire quelques démarches, afin d'être portés sur les
listes électorales, que lorsqu'ils verront leur voisin par-
tir pour se rendre au lieu de l'élection, c'est-à-dire,
alors qu'il ne sera plus temps: Il faut penser, il faut
agir pour ces hommes ; de vive voix et par écrit il faut
consulter ses amis de la ville et de la campagne, pour
déterrer ces électeurs nonchalans ; il faut leur applanir
les difficultés et remplir pour eux toutes les formalités
nécessaires à leur inscription sur les listes. Il serait bien
de publier une brochure contenant les articles de la loi,
des ordonnances, des instructions ministérielles, des
arrêtés administratifs relatifs à la formation des listes ,
accompagnés de commentaires simples et faciles. Cette
brochure devrait porter l'adresse de quelques personnes
résidentes au chef-lieu du département et des arrondissemens , et qui offriraient de se charger *gratuitement* de
remplir toutes les formalités et de lever toutes les difficultés. Certes, rien n'est moins hostile que cette première démarche; l'administration publique doit évidem-
ment la seconder; et cependant entre autres avantages ,
elle offre celui de donner sujet à l'Opposition de faire
acte de vie. C'est un symptôme d'existence qui commence
à agiter doucement les esprits, et les prépare à l'énergie

nécessaire pour supporter la violente commotion des jours de l'élection.

Cette instruction sur les formalités à remplir pour l'inscription électorale, doit être répandue avec profusion, car, on ne sait pas encore qui est électeur et qui peut le devenir. Quant aux brochures qui devront être imprimées postérieurement, la liste électorale servira de liste d'adresse, mais *toutes* doivent être distribuées *gratuitement*. Pour cela, il est utile d'ouvrir une souscription, comme on le pratique en Angleterre, pour subvenir aux frais de l'élection. On verra par la suite qu'ils peuvent être de plus d'un genre, et l'on peut remarquer que le gouvernement, lui aussi, porte en compte au budget ses frais d'élection.

CHAPITRE IV.

Candidats.

APRÈS avoir trouvé des électeurs, il s'agit de trouver des députés. Ceci n'est pas toujours facile. C'est sur ce point qu'il faut consulter soigneusement l'opinion, écoutant non ses intérêts et ses affections personnelles, mais la voix publique. Quelque temps avant les élections il surgit facilement un certain nombre de candidats, mais presque toujours ils se trouvent en plus grand nombre que le département n'a de députés à élire; or, la réduction est une opération délicate. Pour l'effectuer avec succès, il faut quelquefois céder à des considérations secondaires, à des intérêts ou à des affections de localité, à des avantages de position; car il ne faut pas compromettre le succès de l'élection pour obtenir *la meilleure*; quelquefois, il faut être satisfait, pourvu qu'elle soit *bonne*. C'est aux personnes les plus dévouées, les plus éclairées, à savoir sacrifier leur opinion, dans certaines circonstances, à des opinions moins éclairées, et cela, pour éviter toute division. Dans des cas extrêmes, on peut faire intervenir l'arbitrage de personnes sages et désintéressées. Mais il faut à tout prix s'accorder avant le jour de l'élection, sur les noms propres qui devront se trouver sur les bulletins des électeurs de l'Opposition.

Pour parvenir à ce résultat, plus d'un électeur devra sa-crifier de vieilles amitiés, des relations intimes, des af-fections sacrées, des patronages puissans, à l'intérêt ma-jeur de l'unité. Il faut que l'opinion individuelle s'efface, qu'elle s'anéantisse devant l'opinion générale, pour le triomphe de la cause commune. Il nous faut chacun être prêt, si les circonstances l'exigent, à sacrifier le candi-dat de notre cœur et même de notre estime, pour le can-didat de notre parti. Plus d'un électeur peut-être aura des objections à faire contre le candidat de la majorité ; n'importe, il faudra savoir les surmonter, sous peine de voir triompher le candidat du parti adverse, ce qui se-rait tout autrement fâcheux.

Une des prétentions les plus mal fondées, parce qu'elle repose sur les idées les plus fausses, c'est celle que ma-nifestent certains électeurs, d'attribuer nécessairement un député à leur arrondissement. Cet esprit de localité mesquin se trouve fomenté depuis la loi du 29 juin, par la division des électeurs en collège d'arrondissement. Il appartient aux hommes éclairés de combattre cette dis-position fâcheuse. Les députés sont ceux des départe-mens et non des arrondissemens. Dans la plupart des départemens, le nombre des députés n'est point pareil à celui des arrondissemens. Gardons-nous de resserrer des limites que la loi n'a que trop retrécies ; le mérite et le patriotisme sont de tous les pays, et une rivalité bien entendue à l'égard de nos voisins, doit nous porter à leur enlever leurs meilleurs citoyens en nous les appropriant par l'élection.

Quand la voix publique et les circonstances ont suffisamment désigné un candidat pour qu'on puisse lui supposer des chances raisonnables de succès, il faut avoir
le bon esprit de se rallier à lui, sans s'inquiéter d'en
ohercher un autre, ou plus accommodé à notre goût, ou
plus prononcé dans notre opinion, mais qui par cela
même peut-être, ou pour tout autre motif, donnerait
moins d'espérance de réussite. Soyons bien d'accord sur
ce que nous prétendons obtenir par les élections ; et sa-
tisfaits sur ce point capital, soyons prêts à céder au besoin sur tout le reste. Tous ceux qui veulent conquérir
des garanties pour les intérêts moraux et matériels de la
révolution, c'est-à-dire, par exemple, que l'on ne se
contente point de ne pas arracher aux propriétaires de
biens nationaux ce qu'ils ont légalement acquis de la nation, mais qui veulent en outre qu'on les honore à l'é-
gal des autres propriétaires, qu'on ne les traite point
dans la dispensation des diverses fonctions publiques
avec une défiance injurieuse, et qu'il ne soit point permis à des libellistes protégés de les outrager impunément;
tous ceux qui veulent voir cesser cette inquisition odieuse
des opinions, à laquelle depuis quelque temps plus que
jamais, on prétend nous soumettre ; tous ceux qui veulent que l'armée, la magistrature l'administration, prin-
cipalement dans les campagnes, ne soient plus l'apanage
presqu'exclusif de la noblesse ou de sa clientelle; tous
ceux sur qui pèsent des impôts exorbitans, prodigués en
traitemens excessifs et en faveurs distribuées à des cour-
tisans ou à des intrigans subalternes ; tous ceux qui

veulent que la religion soit honorée, mais que les influences illégales du clergé, les envahissemens de l'esprit jésuitique, les débordemens des missions soient réprimés, tous ceux qui veulent être jugés par un jury hors de l'influence du gouvernement, et non par des commissions civiles qui en usurpent le beau nom; tous ceux qui veulent être régis par des corps municipaux populaires, conformément à l'esprit et à la lettre des anciennes et des nouvelles constitutions de la France; tous ceux qui veulent être protégés non par les partis armés, mais par une garde nationale citoyenne; tous ceux enfin qui veulent voir disparaître pour jamais les lois d'exception, et jouir paisiblement de la liberté de leur corps et de leur pensée, à l'abri des exils, des surveillances et des vexations arbitraires; tous ceux-là sont libéraux, tous ceux-là sont de l'Opposition actuelle, et ils doivent voter ensemble et s'accorder pour choisir des députés, qui pensent et qui votent comme eux. Ainsi, quand vous aurez trouvé le candidat d'accord avec vous sur ces bases générales, ne vous amusez point à chicaner sur des vues accessoires. Rien ne serait plus funeste que la manie des épurations. Laissons cela à nos adversaires; le mot est à eux aussi bien que la chose. *Tout ce qui n'est pas contre nous est pour nous;* telle doit être notre devise.

Les candidats une fois adoptés, il faut les prôner avec chaleur, populariser leur nom, et les défendre contre les attaques officielles et privées. Car, quelque honorables qu'ils soient, il faut s'attendre à les voir dénigrer de toutes les manières ; leur vie domestique et publique, leurs antécédens, leur famille, leurs alentours, leurs démarches les plus simples, leurs paroles et leur silence, tout sera commenté et envenimé ; l'on vous dira que celui-ci est un malhonnête homme, celui-là un athée, cet autre un jacobin ; il faut s'attendre à tout en fait de calomnie, ne pas se borner contre elle au silence du dédain, mais la détruire avec calme et sang-froid ; surtout se garder de récriminer par des moyens semblables : ils sont mortels à la longue au parti qui les emploie, ils ne sauraient jamais convenir au parti de la justice et de la liberté.

Je n'ai pas compté au nombre des calomnies les bruits qu'on pourrait faire circuler sur la prétendue non éligibilité de certains candidats ; le public doit bien se persuader que lorsque des hommes éclairés et raisonnables lui présentent un candidat, ils ont préalablement vérifié sa capacité matérielle ; il ne faut donc jamais s'arrêter à ces bruits. D'abord, il y a toujours mille à parier contre un qu'ils sont controuvés et mis en circulation par perfidie. D'ailleurs, quand il existerait en effet une difficulté réelle, c'est la Chambre des députés qui prononce sur la validité des élections ; or, si la majorité est impartiale, il est probable, à moins d'une inconstitutionnalité évidente, qu'elle ratifiera l'élection, parce que le véritable esprit d'une sage constitution est de laisser la plus grande latitude possible au pouvoir électoral.

Dans les départemens où l'on aurait jeté les yeux sur

un candidat étranger, il faut rappeler soigneusement aux électeurs, que bien qu'un individu ne soit point porté sur la liste des électeurs du département, il n'en est pas moins éligible dans ce même département. On sait que la Charte autorise (art. 42) à choisir la moitié de la députation parmi les hommes étrangers au département, et qui par une conséquence nécessaire, ne sauraient être portés sur la liste départementale.

CHAPITRE V.

Notices imprimées sur les Candidats.

Un des meilleurs moyens de populariser le nom d'un candidat et de le défendre contre les calomnies sourdes ou publiques, c'est de publier une *Notice* sur lui. Cet usage s'est déjà introduit parmi nous; on l'a employé avec succès dans un très-grand nombre d'élections; c'est une manière de prendre des engagemens, d'afficher la candidature, de faire cesser les prétentions mal-fondées, les incertitudes, les hésitations. Dailleurs, le gouvernement nomme ses candidats en publiant la liste officielle de ses présidens, il est juste que de son côté l'Opposition trouve quelque moyen d'en faire autant. Cette désignation précise, au moyen d'une *Notice*, est devenue plus utile ou même plus nécessaire, depuis que la loi du 29 juin a créé plusieurs colléges d'arrondissement et un collége de département. En nommant le candidat, on désigne en même-temps à quel collége, à quel arrondissement il est présenté; on évite de cette manière, que tel nom populaire sur divers points n'éparpille en divers colléges les voix de l'Opposition. Ainsi, lors des élections de 1820, on a vu M. Devaux être porté, dans le département du Cher, aux deux colléges d'arrondissement; pareille chose est arrivée dans les Côtes-du-Nord, à l'égard de M. Auguste de Saint-Aignan, et, dans les Ardennes, à l'égard de M. Lefebvre-Gineau. Cet inconvénient très-fâcheux aurait été évité, si dans ces déparmens quelques personnes avaient pris la peine de s'occuper d'avance des élections, de donner une direction aux vœux des électeurs, si enfin l'on avait publié des notices sur autant de candidats qu'il se trouvait dans ces divers départemens de députés à élire. Il faut observer seulement que la publication des notices étant une démarche décisive, elle ne doit avoir lieu qu'avec l'approbation des hommes les plus influens du parti de l'Opposition, et que la notice elle-même doit être rédigée avec la plus grande circonspection, pour ne point donner lieu à des récriminations personnelles. On peut adopter comme règle qui ne souffre point d'exception, qu'elle ne doit renfermer aucune attaque, ni directe ni indirecte, contre les candidats du gouvernement ou du côté droit.

Nul doute que les journaux de l'Opposition doivent être employés à populariser ses candidats ; mais ils ne dispensent pas de publier des Notices, car beaucoup d'électeurs ne lisent pas régulièrement les journaux, tandis qu'il est bien difficile qu'ils esquivent la lecture d'une petite brochure, qui, par extraordinaire, s'en vient gratuitement les chercher à domicile.

Indépendamment des Notices, il est bon de publier encore une brochure spéciale sur les élections du département ; elle doit avoir pour but de rappeler aux électeurs les idées générales qui constituent l'Opposition, ses griefs contre l'administration en exercice du pouvoir, ce qu'on aurait à craindre dans le cas où des élections faites dans son sens le lui maintiendrait. Ainsi, par exemple, dans les circonstances actuelles, il faut bien inculquer aux électeurs que, d'après les dispositions hautement manifestées par la majorité actuelle, et d'après le système de l'administration, des élections dans le sens du côté droit auraient entre autres résultats inévitables celui de faire accorder législativement des indemnités aux émigrés. Ces indemnités ne peuvent être prises ailleurs que dans les poches des contribuables; demandez-leur s'ils sont d'avis de les payer, et engagez-les à voter en conséquence. La brochure dont nous parlons ne doit pas négliger non plus de recueillir les plaintes locales, de plaider pour les intérêts spéciaux du pays; elle peut même condescendre jusqu'à flatter les habitudes et les préventions particulières, pourvu toutefois que ce soit sans blesser les principes de l'Opposition et les intérêts généraux de la France.

CHAPITRE VI.

Préliminaires de l'Election. — Du Transport des Electeurs. — Fonctionnaires publics-électeurs. — Secret des votes. — Observations diverses.

Cependant le jour de l'élection approche; les listes des électeurs sont connues. Vous les avez étudiées avec soin; dans vos conversations, vous vous êtes occupé d'examiner quel nom s'y trouve oublié, et quel autre s'y trouve porté indûment. Vos réclamations ont été adressées en temps utile au conseil de préfecture, pour l'inscription des uns, pour la radiation des autres (1); vous avez fait opérer un partage entre des co-héritiers, enregistrer des actes qui étaient demeurés sous seing-privé, apporter

---

(1) Les questions relatives aux contributions ou au domicile politique (art. 6 non abrogé de la loi du 5 février 1817) sont décidées en appel par le Conseil d'état; celles relatives à la jouissance des droits civils ou politiques sont jugées par les cours royales (*ibid*). Il ne faut pas négliger de faire décider ces questions, lorsqu'elles se sont élevées. Quand même on ne parviendrait à une décision définitive qu'après l'élection, la réparation même tardive d'une injustice empêche qu'elle ne se reproduise à l'avenir.

des certificats de contributions payées dans des lieux éloignés, enfin vous avez fait tout ce qu'il était possible pour
amener sur la liste électorale tous les noms qui pouvaient
y avoir droit ; en grosissant ainsi les listes d'arrondissement, vous avez augmenté d'autant vos chances de succès au collége de département, formé du quart le plus
imposé des électeurs d'arrondissement ; dans tout cela,
vous n'avez fait que seconder le vœu de la loi et remplir
les devoirs d'un bon citoyen. Il reste encore à mettre en
usage les influences particulières de parenté, de patro-
nage, d'amitié, de richesse, de crédit, d'habileté. Ceci
n'est point du ressort d'un écrit public. Les règles générales ne s'appliquent point à tant de circonstances particulières ; je me bornerai à citer comme exemple, des
fils que j'ai vu activer la nonchalance de leur père, et
d'autres que j'ai vu la flatter pour les tenir éloignés de
l'urne, quand ils prévoyaient qu'au moment du vote ils
pourraient céder à l'influence du pouvoir ou d'un parti,
et qu'ils se laisseraient arracher un bulletin fatal aux intérêts du pays.

Quelques jours avant celui du vote, il faut s'assurer
que les électeurs sur lesquels on compte, mais qui ha-
bitent des points éloignés, seront exacts à se rendre ;
chacun doit se faire un point d'honneur et un devoir de
conscience de leur fournir toutes les facilités de transport et de logement. Comme dans ces circonstances les
moyens de transport deviennent rares, il est sage de s'ar-
ranger d'avance pour que les électeurs les trouvent facilement à leur disposition. On doit attacher une grande

importance à loger ensemble ou chez des personnes sûres les électeurs de même opinion, pour qu'ils se soutiennent réciproquement. Les abandonner au hasard, ce serait s'exposer à ce que quelques-uns d'entre eux, faibles ou peu éclairés, fussent circonvenus et séduits; chacun en pareille occasion doit être empressé d'offrir une place dans sa voiture ou de prêter un cheval à son voisin; chacun doit être ingénieux à improviser des logemens pour quelques jours. Si le candidat n'héberge pas les électeurs, comme cela se pratique chez nos voisins d'au-delà de la Manche, du moins ses amis ne doivent pas souffrir que les électeurs, qui se déplacent en sa faveur, éprouvent trop d'incommodités. Ceci est du ressort des habitudes les plus ordinaires, et il ne doit pas être besoin d'un comité directeur pour s'en aviser.

Afin d'éviter l'isolement et les divisions qui pourraient devenir funestes, les électeurs de l'Opposition feront sagement de placer leur confiance en quelque électeur notable de leur canton, connu par son habileté, ses lumières, son patriotisme, et qui soit personnellement désintéressé dans l'élection; ils pourront lui communiquer leurs objections, s'ils en avaient à faire, et recevoir ses avis et ses impulsions; il sera leur guide naturel pour les mouvemens de vote, ou même pour les transactions que les circonstances rendent quelquefois nécessaires.

Arrivés à la veille de l'élection, il n'est pas rare que les électeurs qui auraient préféré un autre candidat à celui qui a réuni la majorité des suffrages de l'Oppo-

sition, tentent un dernier effort en faveur de leur pro-
tégé. Ceci serait une grande imprudence de leur part;
ce serait se diviser au moment du combat et en présence de l'ennemi. On a vu cette imprudente manœu-
vre faire échouer les élections les mieux combinées. En
pareille circonstance, il appartient aux électeurs nota-
bles et influens d'empêcher que le candidat adopté jusqu'alors, soit à ce dernier moment remis en question.
Toute discussion désormais serait dangereuse, et il ne
faut pas permettre qu'elle s'entame; elle aigrirait des
amours propres mis en présence. On n'arrête pas une
élection la veille, ou bien c'est ainsi qu'on la perd.

Pendant la durée de la session électorale, il sera
prudent aux électeurs de l'Opposition d'éviter les dî-
ners du préfet et du président du collége électoral. Ac-
cepter leurs avances en pareille circonstance, c'est im-
plicitement s'engager à voter conformément à leur désir.
On ne doit entendre chez eux que des discours, des
vœux, des projets qu'on ne pourrait partager et qu'il
serait pénible de heurter publiquement. D'ailleurs la
volonté de l'homme est variable et son esprit sujet à
l'erreur. Il est donc imprudent de s'exposer sans nécessité à des discours captieux, à des influences périlleuses.
On ne prétend point placer tous les électeurs de l'Opposition en hostilité permanente avec leur préfet; mais
s'il est une époque où ils puissent et doivent s'abstenir
de lui faire leur cour, c'est certainement l'époque des
élections. D'un autre côté, comme il faut faire la part
de l'infirmité humaine, les électeurs riches de l'Oppo-

sition ne doivent pas négliger d'ouvrir leur salon et de dresser leurs tables, pour contre-balancer les salons et les tables de la Préfecture ou de la Recette générale. C'est encore une manière de tenir comité directeur, autorisée par l'usage et par l'exemple de l'administration; ainsi elle se trouvera dans l'impossibilité de la blâmer.

Les électeurs doivent bien se pénétrer de l'idée que rien n'est plus libre que leur vote. La loi a voulu expressément que le vote fût *secret*, pour qu'aucune considération n'en pût entraver l'indépendance. A la vérité le bulletin doit être écrit sur le bureau, par l'électeur ou *par l'homme de son choix*, mais personne, notamment le président et les membres du bureau, n'a le droit d'y jeter les yeux. Pour cela, il faut que la table sur laquelle les électeurs viennent écrire leur bulletin, soit disposée de manière à ce que le secret du vote ne soit point violé. Si le président avait négligé de prendre ce soin, il serait du devoir des électeurs, et il est de la plus grande importance pour ceux de l'Opposition, de réclamer l'exécution stricte de la loi, et d'insister énergiquement pour qu'elle ne soit point éludée. Ceci est important surtout relativement aux fonctionnaires publics, comme les maires et les percepteurs, qui ordinairement sont en grand nombre dans les colléges électoraux. La loi a voulu qu'ils jouissent, comme les autres, de la liberté et de l'indépendance de leur vote. Le gouvernement doit y demeurer parfaitement étranger. Ce n'est point le gouvernement qui doit le dicter, car on peut dire au contraire, dans le système représentatif, que c'est le vote de l'électeur qui fait le gouvernement. Un fonctionnaire public qui partage les vœux de l'Opposition, un maire, un adjoint, un percepteur, peuvent voter sans crainte pour leur candidat, puisqu'ils votent secrètement. Il est vrai que tous les fonctionnaires seront exposés à recevoir des circulaires exhortatoires ou menaçantes, de la part des agens de l'autorité; ils seront peut-être même obligés de subir des allocutions, tantôt caressantes, tantôt courroucées; n'importe, ils peuvent, par le silence et par la discrétion, conserver la liberté de leur vote, et en même temps éviter de se compromettre. Car, nous le répétons, le vote est et doit rester secret; et quand même le système dont les fonctionnaires publics peuvent souhaiter la modification, viendrait à être affermi par le résultat des élections, on ignorera leur vote. Si nous étions dans un pays où les habitudes nationales et l'éducation eussent formé dès long-temps des mœurs libres, je me garderais de présenter ces considérations; mais j'écris pour des Français dont je n'ignore ni les imperfections ni les faiblesses; d'ailleurs, si l'on conçoit que les hommes qui occupent des postes éminens, d'où ils influent sur la marche générale des affaires, sont obligés en honneur de se séparer de l'administration, dès l'instant qu'ils viennent à être en dissentiment avec elle, sur les bases générales de son système, il n'est pas également démontré qu'un percepteur de village, qui retire à peine de son modeste emploi de quoi élever sa nombreuse famille, doive être contraint, sous peine de perdre ses moyens d'existence, de tourner au vent de toutes les intrigues politiques, qui agitent et déplacent le pouvoir. Je sais bien qu'en Angleterre, l'administration exige que les fonctionnaires qu'elle emploie marchent toujours avec elle; mais je sais aussi que cette exigeance s'arrête aux fonctionnaires élevés qui peuplent les deux chambres; tandis que je vois jusqu'à des Lords-lieutenans voter avec l'Opposition. D'ailleurs, dans cette même Angleterre, l'Opposition dispose d'un nombre considérable d'offices et d'emplois publics bien dotés; tandis que l'Opposition de France n'est pas encore investie légalement, du pouvoir de faire un conseiller municipal de village.

Pendant tout le temps que le scrutin est ouvert, la table du vote ne doit pas être perdue de vue par un certain nombre d'électeurs influens, d'un caractère à-la-fois ferme et modéré. Il faut qu'ils soient fermes, pour inspirer de la confiance à leurs amis qui viennent voter, pour empêcher que ceux-ci ne soient intimidés ou circonvenus, pour prêter leur ministère afin d'écrire le vote à ceux qui le souhaiteraient, pour surveiller les opérations du bureau, pour faire toutes les réclamations utiles à la liberté des votes et à l'exécution de la loi; il faut qu'ils soient d'un caractère modéré, afin d'éviter les réclamations intempestives, les paroles inconvenantes, les démarches turbulentes, qui compromettraient l'Opposition, et pourraient autoriser le président à des actes de compression, qui atténueraient la liberté des suffrages et donneraient de l'ascendant au parti adverse.

CHAPITRE VII.

Formation du Bureau.

Dès le matin du premier jour de la session électorale, l'assemblée doit nommer le secrétaire qui tient la plume et rédige le procès-verbal ; ainsi que les quatre scrutateurs, qui dépouillent et font enregistrer les bulletins. Ces nominations s'effectuent à un seul tour de scrutin ; de liste pour les scrutateurs, individuel pour le secrétaire, et à la simple pluralité des voix des électeurs présens. On sent qu'il est de la plus haute importance d'être exact à se rendre dès le matin de ce premier jour, pour participer à cette première opération ; car c'est le bureau, composé comme nous venons de le dire, qui, de concert avec le président, décide provisoirement de toutes les difficultés qui peuvent s'élever, et qui valide ou invalide les bulletins qui offrent quelqu'irrégularité. On voit combien la partialité de l'esprit de parti pourrait abuser d'une pareille position. D'ailleurs, l'expérience apprend qu'un premier succès ou un premier échec, influe notablement sur les scrutins subséquens.

Pour procéder à la formation du bureau, la loi charge le président du collége de désigner en entrant en séance, un secrétaire et quatre scrutateurs provisoires. C'est une *règle* à peu près *générale* que l'Opposition doit toujours *écarter du bureau les hommes provisoirement désignés par le président.* Cette manière de procéder est naturelle et n'a rien d'ailleurs qui doive choquer qui*a*que ce soit. Il ne s'agit de rien de personnel; il ne s'agit ni d'estime ni d'amitié. Vous êtes désigné par le président, donc vous êtes de son parti; par conséquent vous n'êtes pas avec moi électeur de l'Opposition (1). Sans doute, il fallait que le président commençât par désigner quelqu'un pour les premières opérations, quoi qu'il soit vrai de dire que cette désignation serait mieux faite par l'âge ou par le sort ; mais après cela, le président doit voir lui-même sans peine, s'il à de la délicatesse, comme il faut le supposer, que les scrutateurs qui sont les hommes de l'assemblée, et qui doivent contrôler les opérations du président, ne soient pas absolument les mêmes qu'il lui a fallu choisir, et dont la position se trouve par là moins indépendante à son égard.

Il est convenable d'élire pour scrutateurs, et surtout

---

(1) On a vu des présidens placer dans leur bureau provisoire un homme de l'Opposition ; c'est un acte d'impartialité, dont tout homme juste et éclairé ne peut manquer en pareil cas de se faire un devoir. Dans ces occasions, l'Opposition ne doit pas se laisser vaincre en courtoisie, et elle fera bien de porter à son bureau un des amis du président.

pour secrétaire, des électeurs habitués à la discussion des affaires, qui connaissent les lois par état, zélés à s'occuper de la chose publique, d'un caractère à la fois ferme et mesuré, d'une position indépendante, en telle sorte qu'ils puissent défendre avec énergie l'intégrité et la liberté des opérations de l'assemblée. Pour réussir dans la formation du bureau, il faut avoir l'attention de se fixer d'avance sur les noms de ceux qu'on doit y porter. C'est ici qu'on peut sans inconvénient céder aux vœux de localité et même flatter les vanités individuelles. On peut concéder quelque chose à ns cette opération à l'opinion du milieu, si cette concession doit amener à l'Opposition quelques votes douteux. Un peu d'intelligence et beaucoup de justice, telles sont les deux qualités nécessaires à un membre du bureau : l'opinion politique n'est qu'accessoire chez le scrutateur; bien différent en cela du député, chez qui la probité et le talent doivent être de nouveaux motifs d'éloignement pour ses adversaires, puisqu'ils ajoutent à l'ascendant du parti qui l'a nommé. Il faut prendre garde d'adopter inconsidérément, pour le bureau, des noms qui pourraient choquer en différens sens certaines personnes de l'Opposition ou du milieu, et compromettre, en repoussant leurs votes, le succès du bureau entier.

Comme le défaut de désignation, précise ou suffisante, donne lieu ordinairement d'annuler plusieurs bulletins, il faut prendre soin de faire imprimer des *Bulletins-modèles*, qui doivent être distribués avec profusion la veille ou le matin du premier jour de l'élection. Ces bulletins contiendront d'une manière exacte les noms, prénoms et qualités, ou désignations précises des personnes que l'on veut porter au bureau. Ils ne doivent pas être mis dans l'urne, mais rien ne s'oppose à ce qu'ils soient copiés par l'électeur, qui, dans tous les cas, retiendra mieux ce qu'il aura eu quelque temps sous les yeux, que ce qu'il n'aurait appris que de vive voix. On doit prendre également le soin, et à plus forte raison, de faire imprimer des bulletins-modèles pour le scrutin de nomination du député (1).

---

(1) Dans quelques colléges électoraux, on s'est avisé de voter de cette manière pour la confirmation du bureau provisoire : *Les mêmes*. Les bulletins qui porteraient cette formule ou toute autre équivalente, sont nuls de plein droit. Le texte de la loi est positif à cet égard. « Les quatre scrutateurs et le secrétaire sont nommés par le collége, à un seul tour de scrutin *de liste* pour les scrutateurs et *individuel* pour le secrétaire, à la pluralité des voix » (art. 10, § 2, non abrogé de la loi du 5 février 1817). Il est d'une évidence qui ne souffre pas discussion, qu'aucune formule générique ne peut équivaloir au scrutin de *liste* et *individuel* qui est exigé par la loi. La circonstance s'est présentée à Paris, lors de l'élection de M. Gévaudan en 1822, et tous les bulletins pour la formation du bureau définitif qui portaient ces mots : *Les mêmes*, furent déclarés nuls par le bureau provisoire, et de l'avis même du préfet.

CHAPITRE VIII.

Scrutin. — Ballottage. — Transactions.

CHAQUE séance s'ouvre à huit heures du matin ; il ne peut s'en tenir qu'une par jour ; le scrutin reste ouvert au moins pendant six heures. Durant ce temps, il faut s'informer soigneusement si les électeurs sur lesquels on compte sont venus voter, afin d'être en état, avant la clôture, d'amener les négligens au pied du bureau; c'est le moment de mettre en pratique la maxime: *compelle in-trare.* Le gouvernement emploie ordinairement des gendarmes à cette mission ; il faut profiter de l'exemple, et exécuter avec l'aide du zèle des bons citoyens, ce que l'administration obtient pour son argent. A trois heures du soir, le scrutin est clos et dépouillé, séance tenante. Le résultat de chaque tour de scrutin est *sur-le-champ* rendu public. (Art. 12, non abrogé de la loi du 5 février 1817).

Pour qu'un candidat soit nommé député au premier ou au second tour de scrutin, il faut qu'il ait réuni la moitié plus un, du nombre des suffrages exprimés, et de plus, aux deux premiers tours de scrutin, il faut que cette moitié soit au moins égale au tiers, plus un, du nombre des électeurs qui composent la totalité de la liste imprimée et affichée. On voit d'après cela combien il importe, et au succès de son parti, et au besoin de rendre les électeurs le plutôt possible à leurs familles et à leurs affaires, d'être bien d'accord sur la personne des candidats, pour éviter la dispersion des voix, qui fait perdre un temps précieux et ouvre carrière aux manœuvres de toute espèce. Il serait donc extrêmement heureux qu'on s'entendît assez bien pour en finir dès le premier, ou au moins dès le second tour de scrutin. Si pourtant on était obligé d'en venir à un troisième scrutin, appelé scrutin de ballotage, les électeurs devraient en ce moment décisif redoubler de zèle et de persévérance. Cependant, il n'est malheureusement que trop ordinaire d'en voir un certain nombre se dégoûter, après le premier ou le second jour, et sous le prétexte d'une foire, d'un marché, ou de quelque affaire moins importante, laisser à des adversaires plus tenaces, une victoire qui coûtera sous peu des regrets amers. Pourtant, quand on a fait tant que de voter avec un parti, c'est probablement qu'on attache quelque prix à son triomphe ; il faut donc savoir au moins une fois, sacrifier une habitude qu'on aura tant de loisirs pour satisfaire, une occasion qu'il sera facile de retrouver ; il semble d'ailleurs qu'on devrait mettre un peu d'amour-propre, dans la réussite de l'élection pour laquelle on s'est déclaré ; or, l'abandonner au hasard, c'est s'exposer à subir tôt ou tard de pénibles mortifications.

Il faut donc croire que les électeurs auront assez de constance et de patriotisme pour assister, s'il est nécessaire, jusqu'à la fin du scrutin de ballotage. La nuit qui le précède doit être employée, à vérifier définitivement quels sont les électeurs qui n'ont point pris part aux scrutins précédens, et à mettre en œuvre les moyens les plus prompts et les plus efficaces, pour les amener à prendre enfin dans l'élection une part qui va devenir décisive. On a vu dans ces momens critiques des jeunes gens pleins d'ardeur et de patriotisme, voler de nuit, et en poste, au domicile du vieillard ou de l'infirme, et l'amener le jour suivant à la porte du collége, une heure avant la clôture du dernier scrutin, et aux applaudissemens des citoyens assemblés. Aussi dirai-je en passant, que les jeunes gens qui ont reçu une éducation assez soignée pour prendre intérêt de bonne heure aux affaires publiques, feront bien d'accompagner leurs parens dans la ville où ils viennent voter; une telle habitude tendrait à populariser l'élection, cette racine fondamentale de toutes les libertés publiques. D'ailleurs, à l'exception du vote, il n'est presque pas un seul des moyens de succès que nous avons indiqués, auquel il ne soit facile aux jeunes gens de concourir en quelque manière.

Le scrutin de ballotage a lieu sur une liste double du nombre de députés qui restent à nommer, et formée des noms de ceux qui ont obtenu le plus de voix au second tour de scrutin. Pour ce dernier scrutin, les électeurs doivent écrire sur leurs bulletins, comme à l'ordinaire, autant de noms qu'il reste de députés à élire. Il faut bien prendre garde qu'on n'est pas libre cette fois, de prendre ces noms hors de la double liste formée par le bureau ; car, aux termes de l'art. 17 de l'Ordonnance du 20 octobre 1820, l'on rejettera de tout bulletin, au troisième tour, tous les noms des individus qui ne feraient point partie de la liste double, des personnes qui ont obtenu le plus de suffrages au deuxième tour de scrutin.

Il résulte cependant des dispositions de l'Ordonnance précitée, que dans le cas, par exemple, où restant deux députés à élire, la double liste n'offrirait qu'un seul nom de l'Opposition, on ne serait pas obligé, à peine de nullité de l'entier bulletin, d'accoler au nom de l'Opposition le nom d'un des hommes du côté droit, qui se trouverait porté sur la liste de ballotage. Si donc un électeur portait en seconde ligne, un nom pris hors de la liste de ballotage, le bulletin ne serait pas vicié, quant au nom pris sur la liste, mais seulement le bureau devrait rayer le second nom, pris hors la liste. En pareille occasion l'on peut encore tirer quelque parti du second suffrage ; il faut tendre à faire nommer en seconde ligne, celui des candidats du côté droit, qui offre le plus de garanties, ou, pour mieux dire, le moins d'inconvéniens, soit par la modération naturelle de son caractère, soit par la position particulière où il peut se trouver ; car enfin, il reste encore la chance, qu'un pareil homme ne seconderait pas jusqu'à son dernier terme l'exagération du système opposé au nôtre, ou si les

élections nous sont favorables dans la majorité des colléges, qu'un ministère formé dans notre système pourra
tirer quelque parti d'un tel homme, ou du moins qu'il
n'en sera pas trop violemment contredit.

Ce sont ces motifs qui, dans le cas d'un ballotage
entre un candidat du côté droit et un candidat du centre,
doivent faire incliner la minorité de l'Opposition vers
le candidat du centre. Je n'ignore pas que des esprits
emportés ont contredit cette opinion ; mais une sorte
d'instinct naturel, qui n'est autre chose que le bon sens,
l'a constamment dictée aux électeurs. C'est en effet un
axiome de géométrie, que la distance qui sépare le
centre de l'un des points de la circonférence, n'est que
moitié de celle qui sépare les deux points opposés de
la même circonférence. Du reste, la question a été exa-
minée, et décidée comme je viens de le dire, par les
hommes les plus éclairés, après des controverses très-
approfondies. De même encore, si l'on désespérait de
faire réussir un candidat de l'Opposition au collége dé-
partemental, il serait tolérable d'essayer une alliance
avec le candidat du centre. Mais il faut bien prendre
garde avant de se décider à une telle concesssion, de
ne point céder à des conseils pusillanimes ou peut-être
insidieux. Le parti le plus sûr est d'essayer au moins
un premier tour de scrutin sur les candidats de l'Opposition. Quant aux colléges d'arrondissement, je croirais
volontiers qu'il n'en est pas un où l'Opposition ne doive
espérer de réussir tôt ou tard, avec de l'union, de l'habileté et de l'énergie.

CHAPITRE IX.

—

Conclusion.

Nous avons signalé les écueils que l'Opposition doit éviter dans les élections; nous croyons avoir indiqué tous les moyens légaux qui peuvent amener son triomphe; nous sommes certains de n'en avoir conseillé aucun qui sorte de cette limite sacrée; car la bannière de l'Opposition, son refuge, comme sa seule force, c'est la Loi. Puisse-t-elle n'être pas moins sacrée pour ses adversaires! Puissent-ils la respecter à notre égard, comme ils voudraient en pareille position qu'on la respectât envers eux! La liberté est à ce prix, et hors de là, elle n'existe pour qui que ce soit, pas même pour les vainqueurs. Que si l'Opposition vient à triompher dans un collége électoral, elle doit se comporter avec cette modération décente qui appartient à la force et révèle la supériorité. Il faut donc éviter soigneusement, avant comme après l'élection, les jactances inutiles, les propos amers, les provocations insultantes; ces instrumens sont ceux de l'ignorance et de la médiocrité; ce sont les symptômes ou les précurseurs de la révolte; et la révolte ne convient qu'à l'état d'esclavage. Ils ne manqueraient pas d'ailleurs d'amener des dissentions funestes; ils risqueraient d'écarter de l'Opposition quelques hommes paci-

cifiques, que l'apparence seule du trouble effarouche.
Tout au plus on peut tolérer la sérénade, mais l'on
doit s'interdire expressément le charivari. On ne s'est
jamais repenti d'avoir été modeste et discret. Celui qui
ne doit pas triompher est ordinairement celui qui crie
le plus fort; c'est qu'il cherche à s'étourdir sur l'avenir
qui l'importune : vous, qui ne le redoutez pas, cet avenir, vous à qui il appartient, marchez vers lui avec
calme, sans vous laisser détourner par de vaines cla-
meurs.

TABLE
DES CHAPITRES.

FIN DE LA TABLE DES CHAPITRES.

RÉPERTOIRE

DES THÉÂTRES ÉTRANGERS,

TRADUITS EN FRANÇAIS.

PROSPECTUS.

Mai 1822.

Le Répertoire des Théâtres étrangers, format in-18, caractère petit-texte interligné, papier fin, se compose comme il suit :

Pour le Théâtre anglais,	20 volumes.
Pour le Théâtre allemand,	20
Pour le Théâtre espagnol,	12
Pour le Théâtre italien,	12
Pour les autres théâtres divers,	8

72

Dans cette collection, nous comprenons les OEuvres complètes des auteurs les plus célèbres, Shakspeare, Schiller, Goethe, Alfieri, Lope de Véga et Caldéron ont fait l'un quinze cents pièces de théâtre, et l'autre deux mille cinq cents, nous donnerons un choix de leurs OEuvres.

A la tête du Théâtre anglais se trouve Shakspeare en douze volumes ; les huit derniers volumes comprendront les pièces choisies d'Otway, d'Addisson, de Rowe, Driden, Young, Congrève, Steele, Shéridan, etc.

Pour le Théâtre allemand, Schiller et Goethe formeront ensemble onze volumes. Les neuf derniers volumes comprendront les pièces choisies de Lessing, Klopstock, Kotzebue, Werner, etc.

Alfieri, en six volumes, commencera le Théâtre italien, nous compléterons ce théâtre par un choix de pièces de Machiaver, Métastaso, Goldoni, Monti, Pindemonte, Foscolo, etc.

Les pièces choisies de Lope de Véga, Caldéron, Guilhèm de Castro, Moreto, Solis et Moratin, formeront le Théâtre espagnol.

Les huit derniers volumes du Répertoire, que nous intitulons *Théâtres divers*, se composent d'un choix des Théâtres russe, danois, hollandais, chinois, indien et persan.

Les cinq premiers volumes du Théâtre anglais, formant les cinq premiers volumes des OEuvres de Shakspeare, ont paru ;

nous allons mettre sous presse un volume de Rowe , un de Shéridan , un autre d'Young.

Les deux premiers volumes du Théâtre allemand , tous deux
de Schiller ,. ont paru.

Le troisième volume du Théâtre espagnol , premier de Caldéron , va paraître.

Nous compléterons d'abord les vingt volumes du Théâtre anglais et les OEuvres de Schiller ; on pourra souscrire séparément
à chacun des théâtres.

Les livraisons du Répertoire des Théâtres étrangers se succè-
deront rapidement.

Le prix de la souscription aux divers Théâtres est de 2 fr. par volume
de 5oo pages environ , avant la publication du quatrième volume de chacun
d'eux. MM. les libraires jouiront des remises accoutumées.

Il y a vingt-cinq exemplaires papier vélin ; le prix est de 4 francs pour les
souscripteurs.

On souscrit à Paris :

Chez BRISSOT-THIVARS , éditeur , rue Chabannais , n. 2.
Et chez les principaux libraires de la capitale et des départemens.

LIBRAIRIE DE BRISSOT-THIVARS.

La librairie de BRISSOT-THIVARS contient un assortiment complet de
tous les ouvrages qui ont rapport à la science constitutionnelle et aux événe-
mens de l'époque. Elle exécute avec exactitude et célérité , et aux conditions
les plus modérées , les commandes des négocians et des particuliers , tant
d'après son propre catalogue que d'après les catalogues des principales librai-
ries de la capitale.

Sous presse :

RÉPERTOIRE DES THÉÂTRES ÉTRANGERS ,

TEXTE ORIGINAL.

Le succès qu'obtient notre Théâtre étranger traduit en français , et les demandes réitérées de plusieurs amateurs , nous ont
engagé à publier le même Théâtre dans le texte original et conforme aux meilleures éditions. Le Théâtre d'Alfieri est déjà sous
presse , chez M. Fain ; il formera cinq volumes in-18, papier su-
perfin satiné , caractère petit-texte interligné. Le prix de chaque
volume est de 2 fr. 5o c. pour les souscripteurs ; après la publication du deuxième volume , le prix sera de 3 fr.

Nous publierons successivement le Théâtre espagnol et le Théâtre anglais.

On souscrit aussi au Théâtre d'Alfieri chez Baudry , libraire ,
rue du Coq-St.-Honoré , n. 9.

jésuites ; un faisceau d'anecdotes y relatives., des commentaires au texte, des pièces anecdotiques composées par les jésuites de Picardie , et le texte latin du tarif ; publiées par M. Julien de Saint-Acheul. 1 vol in-8. Prix,   5 fr.

Tableaux descriptifs de la France et de ses colonies sous le rapport physique , géographique, statistique , administratif, commercial et politique , comprenant les grandes divisions du royaume, civile, militaire ; ecclésiastique et judiciaire ; les établissemens royaux d'instruction publique , des sciences et des arts et du commerce ; les anciennes divisions en provinces et gouvernemens militaires , et en diocèses , comparées aux divisions actuelles ; la chronologie des rois ; les guerres, les batailles mémorables et les combats maritimes ; 20 tableaux in-4°. gravés. Prix ,   6 fr.

Bignon. Des proscriptions, 1821. 2 volumes in-8. Prix ,   12 fr

Dictionnaire féodal, ou Recherches et anecdotes sur les dîmes et les droits féodaux, les fiefs et les bénéfices, les privilèges, les redevances et les hommages ridicules , les coutumes féodales, les prérogatives de la noblesse et la misère des vilains ; les justices ecclésiastique et seigneuriale ; les corvées, la servitude de la glèbe ; en un mot tout ce qui tient à la féodalité. Par J.-A.-S. Collin de Plancy , deuxième édition , augmentée d'un parallèle entre l'ancien régime et le régime moderne , et d'une table raisonnée des matières. 2 vol. in-8. Prix ,   10 fr.

Annales statistiques des Etats-Unis, fondées sur les documens authentiques publiés par ordre du congrès ; par Adam Seybert, membre de la chambre des représentans pour l'état de Philadelphie, 1 fort vol. in-8., enrichi de soixante tableaux, traduit de l'anglais par C.-A. Scheffer. Prix,   8 fr.

Causes et précis des troubles ; des crimes, des désordres dans le département du Gard et dans d'autres lieux du midi de la France, en 1815 et 1816, faisant suite aux éclaircissemens historiques en réponses aux calomnies dont les protestans du Gard sont l'objet ; par P.-J. Lauze-de-Peret , avocat à la cour royale de Nîmes. 2 forts vol. in-8. (rares). Prix, 18 fr.

Guide électoral, ou Biographie politique et législative de tous les députés , depuis 1814 jusques et y compris la session de 1819 à 1820 ; par Brissot-Thivars. 2 forts vol. in-8. , caractère petit-romain. Prix ,   14 fr.
Cet ouvrage sera continué pour les années suivantes.

Essai sur l'Histoire du gouvernement et de la constitution d'Angleterre, depuis le règne de Henri VII jusqu'à nos jours, par lord John Russel ; décembre 1811 ; 1 vol, in-8. Prix,   5 fr.

Seizième siècle en 1817, roman historique, par l'auteur du *Paysan et le Gentilhomme*, saisi en 1818, et toujours de circonstance, même en 1822. 1 vol. in-8. Prix,   5 fr.

L'Allemagne et la révolution, par Goerres, 1 vol. in-8. Prix, 3 fr. 50 d.
Considérations sur les Jésuites, par Maguier. 1 vol. in-8. Prix, 2 fr. 50 c.
Tactique électorale, dédiée à l'opposition, 1822. 1 vol. in-8. Prix, 1 fr. 50.
Voyage en Autriche, en Moravie et en Bavière, fait à la suite de l'armée française pendant la campagne de 1809, par le chevalier G.-L. Cadet de Gassicourt, pharmacien, docteur de la faculté des sciences, membre de la Légion-d'honneur, associé libre des académies de Madrid, de Florence, de Turin, de la société philotechnique de Paris, etc., avec une carte du théâtre de la guerre de 1809, en Autriche, et des plans des batailles d'Essling et de Wagram. Paris, 1806, 1 vol in-8. Prix,   7 fr.

Maximes et pensées du prisonnier de Ste-Hélène, manuscrit trouvé dans les papiers de Las-Cazes. 1 vol in-8. Prix,   2 f. 50 c.
Mémoires du baron Pergami. 1 vol. in-8. Prix,   2 fr.
Catéchisme du Soldat français, ou Dialogue historique sur les campagnes des armées françaises, par Constantin Taillard. 1 vol. in-12. Prix,   3 f.

www.ingramcontent.com/pod-product-compliance
Lightning Source LLC
Chambersburg PA
CBHW051734050726
47598CB00003B/1184